Helmut Preußler

Aphorismen

Erfahrungen eines Lebens

Vorwort

Eigene Belehrungen:

Die nachstehenden Texte sind keine Ratschläge für andere, sondern Belehrungen für mich selbst.

Wenn man sein Leben überblickt, sieht man, welche Fehler man gemacht hat, wie viele Versäumnisse man nicht unterbunden hat, welchen Irritationen aus mangelndem Wissen man erlegen ist.

Wenn man merkt, dass man nie auslernt, die Reise durch den Tag befriedigend zu verbringen, dann ist es Zeit inne zu halten.

Bibliographische Information der Deutschen
Nationalbibliothek:
Die Deutsche Nationalbibliothek verzeichnet
diese Publikation in der Deutschen National-
bibliographie; detaillierte bibliographische
Daten sind im Internet über
https://portal.dnb.dnb.de abrufbar.

Umschlaggestaltung, Herstellung und
Verlag:
BoD – Books on Demand, Norderstedt

ISBN: 9783755777960

Über Aphorismen

Gute Formulierungen haben mich schon immer angesprochen und befriedigt. Beim Lesen dicker Wälzer sucht man etwas Handfestes und Greifbares, Merkbares und Einleuchtendes.

Wir halten zwar alles, was wir sagen und schreiben für wichtig, aber nur wenig ist es, was andere aufnehmen und verarbeiten. Selten jedoch findet jemand unsere Formulierungen so treffend, dass er uns zitiert und sie in Sprachen und Abhandlungen weiter verwendet.

Etwas Gültiges oder Treffsicheres ausgesprochen oder aufgeschrieben zu haben, auch selber erfundene Aphorismen, verschaffen uns eine starke Befriedigung und unser Selbstbewusstsein wird gestärkt.

Ein Kennzeichen für einen gelungenen, selbstgeschaffenen Aphorismus ist es, dass er uns später wieder einfällt, dass wir ihn nicht vergessen, dass wir ihn parat haben, wenn wir ihn im Gespräch brauchen.

Marie von Ebner-Eschenbach hat rund 550 Aphorismen in ihrem bekannten Bändchen veröffentlicht und ist mit diesem einen Band in die Reihe der großen Aphoristiker getreten. Noch mehr: Sie ist die klügste Frau, die ich aus den Schriften kenne.

Ein Büchlein voll Aphorismen zu schreiben ist wohl die raffinierteste Weise literarischer Produktion, ist ein kurzer Griff von großer Klasse.

Für den Menschen ist es schwer, aus zeitlichen und nervlichen Gründen zu jedem ihn interessierenden Thema einen langen Aufsatz zu schreiben. Jede literarische Darstellung braucht entsprechende Zeit. Ein Roman, ein philosophisches System, ein Thema, ja selbst ein Essay oder eine Novelle ist nicht ohne weiteres in einem Atemzuge zu konzipieren. Viel Vorbereitung, Organisation, Muse, exakte Aufzeichnungen und Zettelsammlungen sind notwendig, ehe man an die Ausführung des gedachten Werkes gehen kann.

Ein Aphorismus aber, was braucht er von alle dem? Wenn man nur minimale Zeit für das Schreiben von Aphorismen braucht, umso weniger Zeit braucht man zum

Lesen. Der Aphorismus ist am lesefreundlichsten.

Für einen Redakteur ist es leicht, Aphorismen als Füller unterzubringen. Freilich, das tiefe Verständnis eines Aphorismus ist nur wenigen vorbehalten.

Einem Aphorismus ist eine eigenartige Geschlossenheit und Abgeschlossenheit eigen, eine Ganzheit von kleinstem Umfange, die von der umgebenden Welt abgesondert ist wie ein Igel, in sich selbst vollendet. Ein Aphorismus ist ein Endpunkt des Denkens, ein Finden der Antwort – das plötzliche Aufreißen eines bisher Verhüllten.

Der Aphorismus ist die knappe Formulierung eines ganz persönlichen Gedankens, die Formulierung eines subjektiv geistigen Erlebnisses.

Es ist kein Sprichwort, das eine kollektive Erfahrung beinhaltet.
Der Aphoristiker ist ein ganz bestimmter Denkertyp: er ist kein Volksredner oder bildreicher Jahrmarktschwätzer. Eine Eleganz des Denkens und eine Leichtigkeit des Ausdrucks sind ihm eigen, eine gute Beobachtung und Erkenntnis der Welt.

Ob wir Aphorismus sagen oder Pensée, Maximen, Reflexionen, Sentenzen - immer haben wir eine besondere literarische Kunstform vor uns, nämlich die kleinste literarische Kunst.
Die Neugierde ist die Vorstufe der Wissbegierde.

*Nur ein Genie kann ein anderes
Genie verstehen.*

*Für das Genie eines Menschen
gibt es nur einen Beweis: sein
Werk.*

*Es ist schwerer,
keine Bestätigung zu erhalten,
als zu hören, wir seien ein Genie.*

*Genie wird man durch ein Werk,
nicht durch die Gedanken.*

*Die Menschen glauben zu sehr an
die Publizistik
und zu wenig an das eigene
Gehirnkastl.*

*Der publizistische Kampf ist der
Antriebsmotor der
gesellschaftlichen Veränderung.*

*Nicht Publizistik um der
Publizität willen –
Publizistik um der
Veränderungen willen.*

*Es gab noch keinen noch so
großen Mann,
dass nicht noch ein größerer
Mann kommen könnte.*

*Eine Bibliothek zu haben, heißt
nicht, dass der Besitzer schlauer
und klüger ist als die anderen,
sondern nur, dass er die Absicht
hat zu studieren und Erfahrungen
zu sammeln und dass er glaubt,
dies durch Literatur zu erreichen.*

*Eine Bibliothek kann bloß eine
Ansammlung von Büchern sein,
aber auch ein Instrument,
immer wieder neu
nachzuschlagen, um das gelebte
Leben dadurch zu bereichern.*

*Ich hatte keine Gelegenheit
ist die Ausrede der Tore.*

*Literatur kommt nie zu spät –
sie ändert eh nichts an der
Realität der Welt.*

*Der erfolgreichste Sieger in einem
Krieg ist immer der Tod.*

*Wahrheit ist die
subjektive Befriedigung
unseres subjektiven Zweifels.*

Gelegenheit ist die Ausrede der Prinzipienlosen.

Lass alles auf dich zukommen, sei ein ruhiger Bär.

Die Menschen schieben auf, aber ärgern sich gleichzeitig über den Aufschub.

Mir kommt es manchmal als Schande vor, dass es vor 2500 Jahren Leute gegeben hat, die gescheiter waren als ich.

Messe nicht die Menschen nach deinen Maßstäben, sondern nach deren Maßstäben.

Was einem nicht gehört
kann man leichter verschenken.

System geht vor Qualität.

Man muss ein nationales Denkmal
zerstören oder zerstören lassen,
um die Nation im Kampf um den
Feind hinter sich zu bringen.

Jeder Aphorismus
ist eine Welt für sich.

Unordnung ist Mangel an
Arbeitssystem. Man muss viel
Arbeitszeit verlieren, um
Unordnung zu beseitigen.

Organisation beruht auf Ordnung.
Gute Planung erleichtert
Organisation.

Ein Aphorismus ist wie eine Insel
mitten im Meer.

Ein Aphorismus ersetzt oft ein
dickes Buch,
eine Aphorismen-Sammlung
eine ganze Bibliothek.

Der Aphorismus bringt dem Autor
am wenigsten Honorar.

Die meisten Aphorismen
sprechen die Masse nicht an –
das spricht für die Aphorismen.

*Aphorismen zeigen nicht
die ganze Wahrheit auf
und sind nicht Wahrheit für alle -
aber sie beleuchten doch
Wesentliches.*

*Auch das Selbstverständliche
bedarf der Prüfung
und bedarf es am meisten.*

*Menschen, die kein Geld haben,
sind oft Energieverschwender.
Je mehr Energie wir in unsere
eigentliche Aufgabe stecken,
desto weniger Energie bleibt
für unsere Schwächen.*

*Die Menschen ertragen das
Paradies nicht.*

Wenn wir Fehler machen,
sind diese oft mit der
Vernachlässigung
des Wesentlichen verbunden.

Ich will meine Zeit nicht damit
vergeuden, über die Fehler der
anderen zu sprechen.

Das Nachdenken ist
die Quelle der Kraft.

Die wahre Heimat des Menschen
ist seine Gesinnung.

Vieles, was vorher abgelehnt
wurde, akzeptiert eine
spätere Zeit.

Nichts an die große Glocke
hängen.
Die Zunge ist der Feind des
Erfolges.

Auch erfolgreiche Menschen
stolpern über kleine Fehler.

Politiker und ihre Helfer:
Kriegslügen durch die
Jahrhunderte.

Das Internet hat die
Druckerschwärze abgelöst.

Heirate und du wirst es bereuen,
heirate nicht, und du wirst es
ebenfalls bereuen,
sagte Schopenhauer.
Und so was nennt sich Pessimist.

Die ehemaligen intimen Freunde
sind oft die größten Feinde.

Die Freundlichkeit ist
das geöffnete Tor zum Glück.

Soll irgendein Problem gelöst
werden, so betrachtet man es
als bereits gelöst. (René Descartes).

Was wäre, wenn ein Metzger
Schornsteinfeger wäre
oder ein Glaser Konditor,
oder ein Elektriker Maler.
Irrsinn würden Sie sagen.
In der Politik ist das anders.
Ein Schornsteinfeger kann
Verkehrsminister werden, ein
Friseur Finanzminister oder ein
Klempner Außenminister, usw.

Der Spezialist macht nur eine
Sache und kann dranbleiben.

Der Tod steht jedem bevor.
Insofern ist der keine
besondere Leistung.

Welche Partei auch immer
einen Krieg gewinnt,
einer gewinnt immer - der Tod.

Die Frauen bringen das richtige
Maß in das Leben.

Gute Vorsätze können sich
in böse Wirkungen verwandeln.

Der Sohn will Sohn bleiben,
nicht Vater werden.

Einer, der mir schmeichelt,
den habe ich lieber,
als einen, der mich kritisiert.

Die Fehler der Anderen
siehst du klarer als deine eigenen
Fehler und Dummheiten.

Kein Zweifler ist durch seinen
Zweifel groß geworden.

In uns allen steckt ein Stück Don
Quijote, manche Seiten unserer
Vorstellungen sind weltfremd.

Der Hilfsbereite ist am ehesten
hilfsbereit,
wenn er aus seiner Bereitschaft
einen Vorteil zieht.

Grundsätzlich ist an allem zu
zweifeln möglich,
aber es ist nicht sinnvoll,
an allem zu zweifeln.

Ein Erfolgsmensch hat das Wort
„Unmöglichkeit"
aus seinem Sprachschatz
gestrichen.

Kreativität ist die Quelle aus der
zu trinken nie langweilig wird
und die nie versiegt.

Der Naive sagt mehr, als er hat
sagen wollen.

Die Utopien von Heute
sind oft die Lösungen von Morgen.

Es ist eine verdrießliche Sache,
dass an den meisten Sorgen,
Misserfolgen und Problemen,
die wir haben, wir selbst schuld
sind und wir nicht andere dafür
verantwortlich machen können,
was wir aber gerne tun.

Nicht jeder kann ein
selbstständiger Unternehmer sein,
aber jeder kann der Chef seines
Lebens sein.

Die Menschen, denen wir am
meisten geholfen haben, sind nicht
die, die uns am dankbarsten sind.

Es gibt Menschen, die an ihrer
allzu großen Schläue
zugrunde gehen.

Nicht nomadisieren,
sesshaft werden.

Die Menschen sind uns
sympathischer, die Geld bringen,
als die, die etwas holen wollen.

Die meisten Menschen haben
Illusionen darüber,
wie sie auf ihre Umgebung wirken.
Sie scheinen keinen
Spiegel zu haben.

Sich mit etwas Unnötigem die Zeit
zu vertreiben ist schlimmer,
als gelassenes Nichtstun,
aber das Unnötige muss erst
erkannt werden.

*Menschen sind weder schwarz
noch weiß, sondern wie Zebras.*

*Wenn die verborgenen Gedanken
auf der Stirn zu lesen wären,
gäbe es keine Freundschaft.*

*Derjenige, der nicht in der
Lage ist, seine Gedanken zu
verändern, kann nicht die
Wirklichkeit verändern
und keine Fortschritte machen.*

*Wir alle sind kleine Menschen,
die etwas Großes
erreichen möchten.*

*Prinzipien können nicht gelernt
werden, sie müssen aus der
eigenen Erfahrung kommen.*

*Viele Probleme kann man mit
einem gut abgefassten Brief aus
der Welt schaffen,
ebenso mit einem zur rechten Zeit
gut geführten Telefonat.*

*Mit der Änderung der Bedürfnisse
ändern sich die Meinungen.*

*Der Griff zum Telefon
ist oft besser,
als der Gang zum Rechtsanwalt.*

*Es ist ein großer Unterschied
zwischen einem kleinen und
großen Teufel. Beide bringen
den vorzeitigen Tod.
Der große Teufel ist der Mörder
von Millionen, wenn hinter ihm
das Amt oder die Macht eines
Politikers steht.*

Nicht dem ersten Eindruck
vertrauen. Entscheidend ist die
zweite oder dritte Begegnung.
Diese entscheidet über den
weiteren Kontakt.

Der Mensch steht in der Mitte
zwischen
dem Nichts und dem Weltall.

Der Satz: „Lass uns gute Freunde
bleiben", ist die höflichste Form
der Beendigung einer Beziehung.

Nicht auf Politiker vertrauen.
Politiker setzen sich nur ein,
wenn man ihnen gefährlich
werden könnte oder, wenn sie
einen weiteren Aufstieg erwarten.

*Durch die Informationslawine
werden die Verzettelung und das
Chaos größer.*

*Erfülle deine Aufgabe,
das Andere werden
andere für dich tun.*

*Mehr mit Menschen umgehen,
von denen man lernen kann.*

*Wenn andere über dich schlecht
reden, die anderen loben.*

*Nichts bis auf den letzten
Tropfen leeren,
sondern immer eine
Reserve behalten.*

Jedes Problem ist ein
noch nicht erschlossener Markt.

Das meiste Geld wird mit
Neuheiten verdient,
da der Vergleich fehlt.

Im Privaten nicht auf andere
hören, keine falsche
Rücksichtnahme ausüben.

Einkaufsverhalten ändern,
Lebensqualität ist oft eine Frage
des Vorrats.
Die Besorgungszeit minimieren.

Zeige deine Gefühle:
Dein Partner ist kein Hellseher.

Sachen gleich erledigen,
nicht aufschieben.

Verlasse dich nicht auf Ratgeber!
Ratgeber erklären dir, was du
falsch machst,
allerdings nur aus ihrer Sicht.

Zweckmäßig ist es anhand von
Verträgen zu verhandeln,
da man hier am konkretesten
die Absichten des anderen
erkennt und nicht ins Leere
hinein verhandelt.

Denke mehr an die Zukunft
als an die Vergangenheit.

Das ist das Schönste am Denken:
Jeder hat eine andere Meinung.

Denke an neue Produkte und
Methoden, nicht an alte Theorien,
denke lieber an konkrete Lösungen
als an Analysen von Begriffen.

Der ist kein guter Freund,
der hinter deinem Rücken
schlecht von dir spricht.

Keine Preissteigerung kommt
von allein.
Immer ist es ein Verursacher,
der dahinter steht.

Manchmal hat man nichts weiter,
als den einfachen Akt des
Glaubens.

Ein Politiker hat
keine Verpflichtung zur Wahrheit.

*Viele Politiker haben ein
schlechtes Gedächtnis:
Sie vergessen die Fehler
ihrer Vorgänger und verfallen
so in deren Muster.
Die Vernunft regiert nicht mehr,
Größenwahn überzieht
ihr Denken.*

*Der Schmeichler kommt eher
ans Ziel als der Kritiker.*

*Mit Charme erreicht man viele
Menschen.*

*Die meisten Politiker sind
mehrsprachig.
Am besten beherrschen sie
die Sprache des Euphemismus.*

Ohne zu lügen
nicht alle Wahrheit sagen.

Je weniger Worte,
je weniger Streit.

Im Glück aufs Unglück
bedacht sein:
Vorsorge im Sommer für den
Winter durch Vorrat.

Nie aus der Fassung geraten.

Sich vor dem Sieg über
Vorgesetzte hüten.

Auch im Genuss gehe man
nicht bis zum Äußersten.

Warten können,
so wird man nachher
über andere sein.

Dem Widersprecher nicht
widersprechen, sich nicht in
Verwicklungen ziehen lassen.

Man lebt weder von einer Stimme,
oder von einer Mode, noch von
einem Jahrhundert.

Bei allen Dingen stets etwas in
Reserve haben.

Einige verwenden alle Kraft
auf den Anfang
und vollenden nichts.

*Nicht eine Angelegenheit aus dem
machen, was keine ist.*

*Immer habe man etwas Neues,
um damit zu glänzen.*

*Es nie zu einem Bruch
kommen lassen.
Gutes können nur wenige
uns erweisen,
Schlimmes fast alle.*

*Ein vergoldetes Nein befriedigt
mehr als ein trockenes Ja.*

*Die Dummheit fällt allemal mit
der Tür ins Haus,
denn alle Dummen sind verwegen.*

*Lasse etwas Geheimnisvolles
durchblicken.*

*Der Kluge tut es gleich am
Anfang, was der Dumme
erst am Ende tut.*

*Mit großen Männern
sympathisieren.*

*Kunst ist,
die Dinge ruhen zu lassen.*

*Ein mittelmäßiges Neues sticht oft
das Ausgezeichnete, wenn es alt
geworden ist, aus.*

*Die Verschwiegenheit ist
der Stempel des fähigsten Kopfes.*

*Seine Freunde zu nutzen
versuchen, einige sind gut in der
Ferne, andere in der Nähe,
mancher taugt für eine
Unterredung, manche
Nähe wäre unerträglich.*

*Nie ein Mitbewerber sein,
es schadet dem Ansehen.*

Von den Feinden Nutzen ziehen.

*Man rede also zu jedem
seine Sprache, das einzige Mittel
beliebt zu sein ist, dass man sich
mit der Haut des einfältigsten
der Tiere bekleidet.*

*Sich nie beklagen. Beklagen
schadet unserem Ansehen.*

Wer nichts auf Morgen ließ,
hat viel getan.

Die Offenherzigen
werden geliebt,
aber betrogen.

Der heutige Freund kann
morgen ein Feind sein.

Keiner darf uns gar zu sehr
verpflichtet sein.

Nie um die Geheimnisse des
Höheren wissen.

Gutes können nur wenige uns
erweisen, Schlimmes fast alle.

*Gewisse Dinge verhehlt man dem
einen und teilt sie dem anderen
mit, und umgekehrt.*

*Es gibt keinen, der nicht der
Lehrer des anderen in
irgendetwas sein könnte.*

*Zurückhaltung ist ein sicherer
Beweis von Klugheit, sich zu
bedecken verstehen.*

*Unser Ansehen beruht auf dem
Geheimhalten,
mehr als auf dem Tun.*

*Du kannst jemanden glücklich
machen, wenn du ihm
die richtigen Fragen stellst.*

Was du falsch machst,
musst du selbst analysieren,
nur so kannst du Abhilfe schaffen.

Der erzielbare Nutzen, der aus
einer Information erzielt wird,
sollte größer sein, als der Aufwand
der Beschaffung und des Gewinns.

Zwischen zwei Menschen gibt es
das Wort „objektiv" nicht,
„subjektiv" ist alles, auch
was die Weltanschauung betrifft.

Die Mängel im eigenen Lande
verschieben die Politiker oft
auf die Außenpolitik.

Sei ein Meister im Umgang
unter vier Augen.

*Die Zeitspanne zwischen
Erringung und Anwendung
verringert sich ständig.*

*Sei kein Angeber:
Wenn du Erfolgt hast, braucht
man darüber nicht zu reden.*

*Wenn du schlecht über
andere sprichst, bleibt auch
von dir oft etwas hängen.*

*Einen Schweigenden
kann man oft durch Fragen
erreichen.*

*Man zeige nie,
dass man betroffen ist.*

*Männer verstehen Frauen oft
nicht. Wie könnte es anders sein?
Eine Frau besteht im Grunde
aus zwei Frauen.*

*Vom Ziel her planen
ist das wichtigste Planungsgesetz.*

*Schau in die Jahrhunderte!
Du wirst viele positive und
negative Beispiele finden.*

*Nie Jemanden Dinge sehen lassen,
die nicht fertig sind.*

*Ein vorheriger Telefonanruf
ist oft besser,
als eine spontane Handlung.*

Traue nie einem Menschen,
der dir keine Bedenkzeit einräumt.

Dehne dein Vertrauen
nicht zu weit aus.

Den Anderen schwächt man,
wenn man in seinen
Panzer eindringt.

Menschliche Waage:
Intelligenzzuwachs auf der einen
Seite, dann Verlust auf der
anderen Seite.

Es ist nicht gut, sich selbst zu
loben. Es ist besser, sich von
anderen loben zu lassen.

*Es sind oft Kleinigkeiten,
ein Minimumfaktor,
der entscheidet.*

*Es ist oft ein Fehler, auf Dritte
gehört zu haben.*

*Sei kein Angeber.
Ein Angeber erzählt von reichen
Leuten, die er kennt.*

*Eine wichtige Entscheidung
sollte nicht in einem
Hau-Ruck-Verfahren,
sondern mit Bedacht geschehen.*

*Der erfolgreichste Weg
liegt nicht in der Schnelligkeit,
sondern in der Stetigkeit.*

Die Seele heilt oft von selbst,
wenn sie die richtige
Information hat.

Baue nicht auf die allzu
Freundlichen und
Liebenswürdigen.

Einen schlechten Mitarbeiter
oder Kollegen erkennt man daran,
dass er keine Rückkopplung
vollzieht und sich nicht nach dem
Stand der Dinge erkundigt.

Die Freundlichkeit
ist ein Tor zum Glück.

Die Erleuchtung
liegt in Kleinigkeiten.

Wenn man davon ausgeht,
dass es großer Dinge bedarf,
ist das falsch.

Es ist leichter,
sich selbst zu ändern,
als die Gesellschaft zu ändern.

Wenn die Erfahrung, die in den
Sprichwörtern und Aphorismen
versteckt ist, beherzigt würde,
hätten wir weniger Probleme
in der Welt.

Nicht einmal aus unseren eigenen
Fehlern lernen wir.

Der Weg zur Tiefe
ist der Weg zur Einfachheit.

Der Sohn will Sohn bleiben,
nicht Vater werden.

Eine schöne Frau
ist wie ein unbekanntes Land.

Menschen, mit denen ich nicht
lachen kann, will ich meiden.

Das Wunder
ist des Wunsches größtes Kind.

Lang leben will jeder, doch
keiner will alt und krank sein.

Wer gut bezahlt, kann etwas
leichter bewegen.

Das Schlechte wird leichter
als das Gute über einen
Menschen ausgesprochen.
Gutes über ihn zu sagen,
sei deine Maxime!

Dem Widerspruch deines Gegners
musst du widerstehen.

In drei Sphären lebt der Mensch:
Die eine ist seine Phantasie,
die andere seine reale
Wirklichkeit, die Dritte, seine
Hoffnung und sein Glaube.

Gute Gespräche führt man,
wenn man wenig von sich selbst
sagt und den anderen
aufmerksam zuhört.

Trotz unserer Lebenserfahrung
machen wir immer wieder Fehler.
Wenn die alten Fehler abgestellt
sind, treten Neue an ihre Stelle.

Der Teufel ist ein guter Redner,
er kann die
Menschenmassen verführen.

Wärme altes Negative
nicht mehr auf.

Viele Menschen haben viel zu
sprechen, aber wenig zu sagen.

Anmerkungen zur Geschichte:
Immer treiben Wahnsinnige
Menschen in Kriege.
Die Wahnsinnigen sterben nie aus.

Tod,
du hast kein Nichtsein
und kein Sein, denn Sein und
Nichtsein sind Worte.
Du aber Tod, hast keine Worte.

Ewigkeit und Endlichkeit
sind ein Vorrat,
der dem Geist zur Verfügung steht.

Sekundensätze, sie werden mir
immer sympathischer.
Ich kann an dir keinen Fehler
finden. Ich bin kein Kritiker.
Ich bin nicht der Sohn von
Rockefeller. Ich bin aufgeregt wie
ein Pennäler. Woher kennen wir
uns? Entschuldigung, ich habe
Ihren Namen vergessen.
Bei Kritik, da passen wir ja gut
zusammen.

Schwarze Löcher:
Schlaf des Weltalls.

Negative Abwehr.
Wenn du merkst, dass du in Wut
gerätst, zähle bis 10.

Die Humanismusschiene fahren.

Ich hab dem Bier erlaubt
zwei Gläser in mich hinein-
zuschütten. Ich schaue nicht so
gern in den Tod, ich schaue
lieber ins Bierglas.

Man muss lernen
die Dinge hinter den Dingen zu
sehen, also dialektisch zu denken.

Nicht allein den
Veröffentlichungen und den
Informationen trauen.

Um Erfolg zu haben:
Gehe am besten den
direkten Weg ohne Umwege.
Suche Beispiele für solche Erfolge.

Bei einer Sache den Aufwand
minimieren,
um Stress zu vermeiden.

Ziehe eine Decke über die
negativen Gedanken.

Öffne den Deckel der Dose,
die deine positiven Gedanken
beinhaltet.

Das Eilige ist selten wichtig.
Das Wichtige ist selten eilig.

Bei Bekanntschaften:
Im Anderen den guten Kern sehen,
also positive Wertschätzung oder
sagen: Wenn ich dich so anschaue,
dann sehe ich den guten Kern.

Bei allen Begegnungen:
Jeder sucht seinen Vorteil.

Bei neuen Bekanntschaften:
Keine großen Erwartungen haben.

Infos aus zweiter Hand:
Presse, Prospekte, Zeitschriften
sind geduldig, persönliche
Anschauungen sind besser.

*Ein Telefonat sagt nicht alles über
den anderen, ein Brief ebenso
wenig, eine Anzeige ebenso,
auch ein Bild, ein Foto,
zeigt nicht das Ganze, nur das
persönliche Kennenlernen zählt.*

*Die meisten Probleme sind
keine stofflichen, technischen,
finanziellen oder wirtschaftlichen
Probleme, sondern in erster Linie
Strategieprobleme.*

*Gutgläubige und naive Menschen
glauben das Glück am Spieltisch
oder durch Lotto oder Toto zu
gewinnen. Nur sehr selten gibt es
einen Hauptgewinn.*

*Man hüte sich vor
falschen Illusionen.*

*Du sollst kein Richter
über andere sein.*

*Die, die bei dir schlecht über
Andere reden, reden meist bei
anderen auch schlecht über dich.*

*Bewusstsein -
Eine Tatsache als erste Tatsache.*

*Eine permanente Aufgabe ist es,
die eigene Arbeitstechnik zu
verbessern. Es ist oft wichtiger,
einen Tag im Monat über seine
Arbeit nachzudenken,
als 30 Tage zu arbeiten.
Diese Anregung steht in
vielen Erfolgsbüchern.*

*Gut ist, nur positive Gedanken zu
äußern und andere zu loben.
Jeder Geschäftsmann ist stolz
auf seine Firma.*

*Sich mit seinen Meinungen
mäßigen, wenn man
das Gesamtkonzept nicht versteht.*

*Verletze nie die Eitelkeit und
den Stolz eines Anderen.
Eine Führungspersönlichkeit
äußert sich meist nicht
negativ über andere, sondern
lässt Untergebene ihre
Verurteilungen aussprechen.
Also: Man lässt eine andere
Person die eigene Position
darstellen.*

Der Tod ist der Diener der Zeit.

Wissen was uns nicht verändert
ist kein wirkliches Wissen.

Lobe dich nicht selbst,
sondern lass andere dich loben.

Im Umgang mit anderen
Menschen wissen:
Jeder ist erfolgreich auf
einem Gebiet und dies
solltest du anerkennen.

Sagen sie unbedingt die Wahrheit,
aber enthüllen sie nur selten
die ganze Wahrheit.

Lerne die Kunst des
Visualisierens,
das Denken in Bildern,
in positiven Bildern.

*Falsche Freunde können deinen
Weg zum Erfolg teilweise
verhindern, aber nicht aufhalten.*

*In jedem deiner Freunde
kann ein Judas stecken.*

*Einmal-Regeln:
(gilt in mehreren Bereichen)
Beim Lesen, wenn man auf eine
Stelle trifft, die wichtig ist, die
Stelle sofort anstreichen,
um sie später wiederzufinden.*

*Jedes Poststück nur einmal in die
Hand nehmen, sofort entscheiden,
ob es beantwortet wird oder nicht.*

*Manche Menschen handeln nicht,
sie informieren sich nur.*

Wenn Ihnen jemand schreibt,
antworten sie sofort
(Blitzantwort), evtl. sogar
auf den Originalbrief
die Antwort schreiben.

Arbeite nur mit Menschen,
die rückkoppeln können.
Immer das Feedback beachten.

Auf einem Weg zum Erfolg
ist die vorherige Information
zwar wichtig,
aber das Handeln ist notwendig.

Lerne von deinem Gegner oder
deinem Konkurrenten, frage diese
und verwerte die gegebenen
Informationen. Du wirst
feststellen, dass er etwas preisgibt,
was du bisher nicht wusstest.

*Ein Großteil mancher Arbeiten ist
nicht denken, sondern lesen,
sortieren und vorbereiten.
Man muss aber von Zeit zu Zeit
immer konkreter werden,
und auf ein Ziel hinarbeiten.*

*Die Vergangenheit muss man
irgendwann ruhen lassen.
Es hat wenig Sinn, mit
Verflossenen Kontakt
aufzunehmen.*

*Auch das Selbstverständliche
bedarf der Prüfung
und bedarf es auch am meisten.*

*Wahrheit ist:
die subjektive Befriedigung
meines subjektiven Zweifels.*

Jede politische Aktualität
entsteht aus den Ursachen
der Vergangenheit.

Ich darf mir erlauben
Idealist zu sein.

Zur Lebenspraxis gehört auch die
Kunst des Aussortierens, der
Abbau von Verpflichtungen,
unnötiger Dinge und Personen.

Bei allem Tun den günstigen
Ausgang im Auge behalten,
immer positiv denken.

Schaffe dir Vorbilder,
denen du nacheifern kannst.

Irgendwann muss einem klar sein,
dass die Lehrjahre vorüber sind,
und dass man ab jetzt
das Richtige schaffen muss.

Sich nicht gegen deinen
Vorgänger stellen und auch
nicht gegen deine Oberen.

Etwas Negatives hilft oft
zu der richtigen Entscheidung.

Posaune nicht alles Unfertige
und Geplante hinaus. Glücklich
wird man nur, wenn man nicht
nur in fremden, sondern auch
in eigenen Texten exklusiv
lesen kann.

*Die mittlere Ebene ist oft
wichtiger als die oberste Ebene.*

*Beim Arbeitsgericht verlieren
fast immer die Unternehmer.*

*Spiele mit verdeckten Karten,
dadurch verschafft man sich
einen Wissensvorsprung.*

*Eine gut genutzte Zeit im Leben
ist es, sich einige Tage
bei Gericht aufzuhalten und
sich vom Amtsgericht bis zum
Oberlandesgericht
verschiedene Prozesse anzuhören.
Dabei kann man für die
Lebenspraxis viel lernen,
z. B. ein Richter zieht
einen bestimmten Punkt heraus.*

*Der direkte Weg ist oft der
Erfolgreichste. Finde Beispiele
dafür in deinem Leben.*

*Kombinationen von Berufen und
Produkten sind oft erfolgreich,
z. B. Mode und Parfüm zusammen-
bringen. Bier und Bayern,
Verlag und Druck,
Bank, Versicherung und
Bausparkasse,
Physik und Mathematik,
Jeder mag Beispiele finden.*

*Vorsichtig sein bei Beratern.
Bei allen Überlegungen ist zu
beachten, dass man es zwar mit
Fachleuten zu tun hat, aber alle
diese Fachleute sind parteiisch,
auf ihren Vorteil bedacht. Lasse
dich beraten, aber erkenne dieses.*

Vertraue auf den Namen,
oft steht ein Name für Qualität,
der Name einer Firma,
der Name eines Produktes,
der Name eines Autors oder der
Name einer bestimmten Figur.
Beispiele: Familiennamen.
Duden, Langenscheidt, Brockhaus,
Westermanns Monatshefte,
Bertelsmann Lesering u. a.,
also kein anonymer Name,
sondern ein Personenname.
Werbung beginnt meist
mit einem Namen.

Man muss sich Zeiträume
entgegenhalten lassen.

Vergeuden sie nicht ihre Zeit,
aber auch nicht die der anderen,
denn jede Zeit ist gleich kostbar.

Telefonkommunikation muss mehr
eingesetzt werden, z. B. Platz
reservieren in einer Gaststätte.
Das Telefon ist ein Mittel,
das Zeit und Geld sparen kann.
Andererseits erlaubt es,
sich gegen ihren Willen
mit ihnen in Verbindung zu setzen.

Erfolg erreichst du,
wenn du nicht deinen inneren
Charakter zeigst und dein
Vorhaben nicht kundtust,
z. B. bist zu stark, so erscheine
schwach, bist zu weise, so
erscheine töricht, dringst du vor,
so scheine dich zurückzuziehen,
eroberst du, so scheine
wegzugehen und viele Beispiele
könnte man anführen.

*Man sollte versuchen in seinem
Leben alle Situationen zu
vermeiden, die mit warten ver-
bunden sind. Wenn man jedoch
warten muss, sollte man die Zeit
gut nutzen, um sich zu entspannen
und die folgenden Stunden zu
planen. Z. B. im Wartezimmer
immer eine Lektüre mitnehmen.
Man muss oft warten,
obwohl man einen Termin hat.*

*Nicht verzetteln, viele Menschen
verbrauchen eine gewisse Zeit
für Kleinigkeiten und es ist
nachgewiesen, dass wir einen
Großteil der Zeit, die wir für diese
Kleinigkeiten brauchen,
einsparen könnten.*

*Das Wissen der Welt
steckt in den Berufen.*

Arbeite nacheinander.
Nur eine einzige Arbeit
auf dem Tisch.
Der Kopf kann sich nur auf eine
Sache konzentrieren.
Erst wenn diese Arbeit erledigt
ist, kommt die Nächste dran.

Am besten ist, man empfängt
niemanden ohne vorherige
Terminvereinbarung.
Unangenehm ist es,
wenn plötzlich jemand
vor der Tür steht,
mit dem man nicht gerechnet hat.

Wichtig ist, dass man
im Leben seine entelechischen
Fähigkeiten auslebt.

*Wir alle sind auf dem Weg,
irgendwie, irgendwann kommen
wir zu einem Engpass.
Das Hauptproblem eines Weges
ist, den Engpass zu erkennen.
Der jeweils schwächste
Teilbereich ergibt den Engpass.*

*Schwierig ist es in die
Öffentlichkeit zu kommen,
aber es ist nicht ratsam, immer
in der Öffentlichkeit zu sein.*

*Betone das Positive in einem
Gespräch. Positive Erlebnisse
werden schneller
als Negative erinnert.*

*Der Umsatz lässt sich
dort am leichtesten steigern,
wo er schon hoch ist.*

Erinnere dich an stille Stunden
und halte glückliche Einkehr,
von diesen stillen Stunden
kann man lange zehren.

Immer wieder sollten wir,
wie früher in den Klöstern,
eine monatliche Geisterneuerung
als Teil der Lebensführung
machen.

Mit am wichtigsten im Leben ist
die Aufrechterhaltung des
finanziellen Gleichgewichts, d.h.:
man muss liquide sein, um zu
jedem Zeitpunkt die fälligen
Zahlungsverpflichtungen
erfüllen zu können.

Nein ist die Tochter des Nichts.

Es ist möglich an allem zu zweifeln, aber es ist nicht sinnvoll an allem zu zweifeln.

Zeit und Kosten sparen durch unnötige Informationen. Es ist nicht notwendig alles auszukundschaften. Es ist gut, sich zu informieren, aber nicht jede Information ist notwendig.

Der Hauptgewinn besteht darin, den Umsatz bei den Kunden zu machen, bei denen man immer wieder von neuem verkaufen kann.

Bei einem Gruppenprozess ist man oft nicht sauer auf den Gruppenleiter, sondern auf Teilnehmer in der Gruppe.

Mehrfach nutzen, z. B. ein Stück,
das öfters aufgeführt wird, oder
ein Produkt wie Zeitschriften,
Kalender, Buch.
Überlege, wie man einen
Mehrfachnutzen erreichen kann.

Traum –
Seine Dialektik betrachten.

Tod –
Der Vollstrecker des Nichts
ist der Tod.

Angeborene Ideen.
Nein, dagegen Ideen- und
Werteaufnahme.

Schöpfung –
gewordene Wirklichkeit.

Die Natur –
ein Wechselspiel zwischen
Himmel und Erde.

Das Wetter –
ein Wechselspiel zwischen
Himmel und Erde.

Werden –
Das Verschwinden des einen
in den anderen Zustand.

Philosophie ist ein dauerndes
Gespräch. Sie muss auf dem Wege
sein, auf dem unendlichen Weg zu
einem unendlichen Ziel.

Gedanken sind Bewegungen im
Gehirn.

Hab Zeit für das Wesentliche,
lass dich nicht von vielen
unnützen Dingen oder
Zeiträubern beanspruchen.

Zeit –
ist Beschreibung des Wandels.

Philosophie –
die Ansicht und das Werk eines
Philosophen - und nichts weiter.

Schüchternheit –
Die Hemmung der Zunge,
kann traurig machen.

Argument –
eine schrittweise Hinführung.

Universum —
alles was es gibt.

Idealismus —
Wie die Dinge sein sollen.

Bewegung zwischen zwei
Raumpunkten, immer
ist ein Weg darinnen.

Geschwindigkeit —
ein Weg in einer Zeit.

Beschleunigung —
Zunahme der Geschwindigkeit.

Kraft ist Masse mal
Beschleunigung.

Subjekt – Dasein in der Welt.

Sterben ist der Weg zum Tod.

Der Tod ist der Sohn der Zeit
und der Gegner des Lebens.

Die drei Töchter der Zeit sind:
Vergangenheit, Gegenwart
und Zukunft.

Die Logik hat die Aufgabe
das Ganze dialektisch zu verstehen
und immer wieder
die Einheit in der Dreiheit
zu finden.

Raum –
Worin die Dinge sind.

Warten –
ist eine verlorene Zeit

Wahrheit ist die subjektive
Befriedigung des
subjektiven Zweifels.

Das Ich ist eine Substanz auf Zeit
im Innenbereich des Menschen.

Was heißt gut?
Eine Stimme in uns.
Was heißt böse?
Eine Stimme in uns.

Das Wissen steckt in den Berufen.

Argumentation –
eine schrittweise Hinführung.

Leidenschaft –
von der Leidenschaft können
Leiden und Kränkungen kommen.

Same – Mensch – später Asche.

Nein –
Tochter des Nichts.

Nichts –
Welt ohne Erscheinungen.

Größe –
Räumliche und zeitliche
Ausdehnung.

Schöpfung –
Gewordene Wirklichkeit.

Ethik –
Wie lebt man richtig?

Tod –
In einen ewigen Schlaf fallen.

Sinn –
Geistiger Gehalt.

Möglichkeit – Vielheit.

Das Sein –
Wesen der Welt.

Gegenwart - allgegenwärtig.

Sprache –
Theorie des Sagens.

Mensch - Leben auf Zeit.
Belebte Materie.

Feld –
Vorrang unter den
physikalischen Begriffen.

Universum –
Alles was es gibt.

Geburt –
Geboren wird man nur einmal.

Tod –
Wenn der Körper stirbt,
stirbt auch die Seele.

Idealismus –
Wie die Dinge sein sollen.

Vernunft –
die stärkste Tugend,
das Nun, steht dahinter.

Welt –
Es gibt nur eine.
Doch es ist schwer genug,
diese eine zu erkennen.

Gott schuf die Welt
mit Raum und Zeit,
aus dem Nichts.
(vorher war also das Nichts da)

Begriff –
das Begriffene.

Teil –
Ein Teil ist schwächer
als das Ganze.

Geist erfasst die Einheit und
Vielfalt der Ideen.

Akzidenz - das Zufällige,
nicht unbedingt zum Wesen
einer Sache gehörend.

Licht kann sich
in Materie verdichten.

Gott -
das geglaubte Wesen.

Sprache –
Theorie des Sagens.
Möglichkeit –
gleich Vielheit.

Ich –
Substanz im Innenbereich
des Menschen.

Freiheit –
Reichweite der Freiheit.
Wenn ich die Freiheit betone,
kann ich nur ein Optimist sein.

Vorstellung –
Etwas, was vor uns steht.